T

Work Time Log Book

Belongs to

_____

_____

Start Date	End Date

Work Time Log

Date	Activity	Start Time	End Time	Total Time
Project				

Total Time

Work Time Log | Project

Date	Activity	Start Time	End Time	Total Time

Total Time

Work Time Log | Project

Date	Activity	Start Time	End Time	Total Time

Total Time

Work Time Log Project

Date	Activity	Start Time	End Time	Total Time

Total Time

Work Time Log | Project

Date	Activity	Start Time	End Time	Total Time

Total Time

Work Time Log | Project

Date	Activity	Start Time	End Time	Total Time

Total Time

Work Time Log

Project

Date	Activity	Start Time	End Time	Total Time

Total Time

Work Time Log | Project

Date	Activity	Start Time	End Time	Total Time

Total Time

Work Time Log | Project

Date	Activity	Start Time	End Time	Total Time

Total Time

Work Time Log | Project

Date	Activity	Start Time	End Time	Total Time

Total Time

Work Time Log | Project

Date	Activity	Start Time	End Time	Total Time

Total Time

Work Time Log | Project

Date	Activity	Start Time	End Time	Total Time

Total Time

Work Time Log Project

Date	Activity	Start Time	End Time	Total Time

Total Time

Work Time Log | Project

Date	Activity	Start Time	End Time	Total Time

Total Time

Work Time Log | Project

Date	Activity	Start Time	End Time	Total Time

Total Time

Work Time Log | Project

Date	Activity	Start Time	End Time	Total Time

Total Time

Work Time Log

Project

Date	Activity	Start Time	End Time	Total Time

Total Time

Work Time Log

Project

Date	Activity	Start Time	End Time	Total Time

Total Time

Work Time Log | Project

Date	Activity	Start Time	End Time	Total Time

Total Time

Work Time Log Project

Date	Activity	Start Time	End Time	Total Time

Total Time

Work Time Log

Project

Date	Activity	Start Time	End Time	Total Time

Total Time

Work Time Log

Project

Date	Activity	Start Time	End Time	Total Time

Total Time

Work Time Log

Project

Date	Activity	Start Time	End Time	Total Time

Total Time

Work Time Log

Project

Date	Activity	Start Time	End Time	Total Time

Total Time

Work Time Log | Project

Date	Activity	Start Time	End Time	Total Time

Total Time

Work Time Log

Project

Date	Activity	Start Time	End Time	Total Time

Total Time

Work Time Log

Project

Date	Activity	Start Time	End Time	Total Time

Total Time

Work Time Log Project

Date	Activity	Start Time	End Time	Total Time

Total Time

Work Time Log | Project

Date	Activity	Start Time	End Time	Total Time

Total Time

Work Time Log

Project

Date	Activity	Start Time	End Time	Total Time

Total Time

Work Time Log | Project

Date	Activity	Start Time	End Time	Total Time

Total Time

Work Time Log | Project

Date	Activity	Start Time	End Time	Total Time

Total Time

Work Time Log

Project

Date	Activity	Start Time	End Time	Total Time

Total Time

Work Time Log | Project

Date	Activity	Start Time	End Time	Total Time

Total Time

Work Time Log | Project

Date	Activity	Start Time	End Time	Total Time

Total Time

Work Time Log | Project

Date	Activity	Start Time	End Time	Total Time

Total Time

Work Time Log | Project

Date	Activity	Start Time	End Time	Total Time

Total Time

Work Time Log | Project

Date	Activity	Start Time	End Time	Total Time

Total Time

Work Time Log   Project

Date	Activity	Start Time	End Time	Total Time

Total Time

Work Time Log | Project

Date	Activity	Start Time	End Time	Total Time

Total Time

Work Time Log

Project

Date	Activity	Start Time	End Time	Total Time

Total Time

Work Time Log

Project

Date	Activity	Start Time	End Time	Total Time

Total Time

Work Time Log | Project

Date	Activity	Start Time	End Time	Total Time

Total Time

Work Time Log | Project

Date	Activity	Start Time	End Time	Total Time

Total Time

Work Time Log | Project

Date	Activity	Start Time	End Time	Total Time

Total Time

Work Time Log | Project

Date	Activity	Start Time	End Time	Total Time

Total Time

Work Time Log

Project

Date	Activity	Start Time	End Time	Total Time

Total Time

Work Time Log | Project

Date	Activity	Start Time	End Time	Total Time

Total Time

Work Time Log
Project

Date	Activity	Start Time	End Time	Total Time

Total Time

Work Time Log | Project

Date	Activity	Start Time	End Time	Total Time

Total Time

Work Time Log | Project

Date	Activity	Start Time	End Time	Total Time

Total Time

Work Time Log | Project

Date	Activity	Start Time	End Time	Total Time

Total Time

Work Time Log

Project

Date	Activity	Start Time	End Time	Total Time

Total Time

Work Time Log | Project

Date	Activity	Start Time	End Time	Total Time

Total Time

Work Time Log | Project

Date	Activity	Start Time	End Time	Total Time

Total Time

Work Time Log Project

Date	Activity	Start Time	End Time	Total Time

Total Time

Work Time Log | Project

Date	Activity	Start Time	End Time	Total Time

Total Time

Work Time Log

Project

Date	Activity	Start Time	End Time	Total Time

Total Time

Work Time Log | Project

Date	Activity	Start Time	End Time	Total Time

Total Time

Work Time Log | Project

Date	Activity	Start Time	End Time	Total Time

Total Time

Work Time Log
Project

Date	Activity	Start Time	End Time	Total Time

Total Time

Work Time Log

Project

Date	Activity	Start Time	End Time	Total Time

Total Time

Work Time Log

Project

Date	Activity	Start Time	End Time	Total Time

Total Time

Work Time Log

Project

Date	Activity	Start Time	End Time	Total Time

Total Time

Work Time Log | Project

Date	Activity	Start Time	End Time	Total Time

Total Time

Work Time Log | Project

Date	Activity	Start Time	End Time	Total Time

Total Time

Work Time Log | Project

Date	Activity	Start Time	End Time	Total Time

Total Time

Work Time Log | Project

Date	Activity	Start Time	End Time	Total Time

Total Time

Work Time Log

Project

Date	Activity	Start Time	End Time	Total Time

Total Time

Work Time Log

Project

Date	Activity	Start Time	End Time	Total Time

Total Time

Work Time Log

Project

Date	Activity	Start Time	End Time	Total Time

Total Time

Work Time Log | Project

Date	Activity	Start Time	End Time	Total Time

Total Time

Work Time Log | Project

Date	Activity	Start Time	End Time	Total Time

Total Time

Work Time Log Project

Date	Activity	Start Time	End Time	Total Time

Total Time

Work Time Log Project

Date	Activity	Start Time	End Time	Total Time

Total Time

Work Time Log | Project

Date	Activity	Start Time	End Time	Total Time

Total Time

Work Time Log

Project

Date	Activity	Start Time	End Time	Total Time

Total Time

Work Time Log

Project

Date	Activity	Start Time	End Time	Total Time

Total Time

Work Time Log | Project

Date	Activity	Start Time	End Time	Total Time

Total Time

Work Time Log

Project

Date	Activity	Start Time	End Time	Total Time

Total Time

Work Time Log
Project

Date	Activity	Start Time	End Time	Total Time

Total Time

Work Time Log | Project

Date	Activity	Start Time	End Time	Total Time

Total Time

Work Time Log | Project

Date	Activity	Start Time	End Time	Total Time

Total Time

Work Time Log | Project

Date	Activity	Start Time	End Time	Total Time

Total Time

Work Time Log | Project

Date	Activity	Start Time	End Time	Total Time

Total Time

Work Time Log | Project

Date	Activity	Start Time	End Time	Total Time

Total Time

Work Time Log

Project

Date	Activity	Start Time	End Time	Total Time

Total Time

Work Time Log | Project

Date	Activity	Start Time	End Time	Total Time

Total Time

Work Time Log | Project

Date	Activity	Start Time	End Time	Total Time

Total Time

Work Time Log

Project

Date	Activity	Start Time	End Time	Total Time

Total Time

Work Time Log

Project

Date	Activity	Start Time	End Time	Total Time

Total Time

Work Time Log | Project

Date	Activity	Start Time	End Time	Total Time

Total Time

Work Time Log

Project

Date	Activity	Start Time	End Time	Total Time

Total Time

Work Time Log | Project

Date	Activity	Start Time	End Time	Total Time

Total Time

Work Time Log

Project

Date	Activity	Start Time	End Time	Total Time

Total Time

Work Time Log | Project

Date	Activity	Start Time	End Time	Total Time

Total Time

Work Time Log

Project

Date	Activity	Start Time	End Time	Total Time

Total Time

Work Time Log | Project

Date	Activity	Start Time	End Time	Total Time

Total Time

Work Time Log | Project

Date	Activity	Start Time	End Time	Total Time

Total Time